Tobias Reiche

Thomas von Aquin - Christlicher Staat und menschliche Vernunft

Ein ideengeschichtlicher Einblick in die Staatslehre

Tobias Reiche

Thomas von Aquin - Christlicher Staat und menschliche Vernunft

Ein ideengeschichtlicher Einblick in die Staatslehre

GRIN Verlag

Bibliografische Information Der Deutschen Bibliothek: Die Deutsche
Bibliothek verzeichnet diese Publikation in der Deutschen Nationalbibliografie;
detaillierte bibliografische Daten sind im Internet über http://dnb.ddb.de/
abrufbar.

1. Auflage 2008
Copyright © 2008 GRIN Verlag
http://www.grin.com/
Druck und Bindung: Books on Demand GmbH, Norderstedt Germany
ISBN 978-3-640-21550-8

Universität Koblenz-Landau, Campus Landau
Kultur- und Sozialwissenschaften
Institut für Sozialwissenschaften (Politikwissenschaft)

*"Ideengeschichtliche Grundlagen von Staat und Politik:
Theorien und Klassiker der Staatsvertragslehre"*

Sommersemester 2008

Thomas von Aquin -
Christlicher Staat und menschliche Vernunft
Ein ideengeschichtlicher Einblick in die Staatslehre

Tobias Reiche
Lehramt Realschule (alte PO) Anglistik und Politikwissenschaft
12. Semester

Datum der Abgabe: 28. August 2008

Inhaltsübersicht

Einleitung

Bei der vorliegenden Arbeit handelt es sich um die schriftliche Ausarbeitung eines Referates über die Staatskonzeption des Thomas von Aquin, einem der bedeutsamsten Theologen, Philosophen und politischen Denker des Mittelalters. Als „Fürst der Scholastik", einer acht Jahrhunderte währenden philosophischen Theologie, prägte Thomas von Aquin das geistige Leben des Abendlandes in entscheidender Weise und beeinflusste die Lehre der katholischen Kirche bis in die Neuzeit. Der Thomismus als philosophische Schule der Gegenwart entwickelt noch heute thomasische Gedanken weiter, indem er sich mit modernen philosophischen Problemen und geschichtlich-sozialen Gegebenheiten auseinander setzt (vgl. Matz 1979: 114f).

Im Mittelpunkt der Betrachtung soll in dieser Arbeit jedoch vielmehr die Bedeutung Thomas' für die politische Ideengeschichte stehen. Als Unterdisziplin der Politischen Theorie, welche laut Werner Patzelt „...dokumentiert und .. immer wieder aufbereitet, was im Lauf der Jahrhunderte an überdauernden Einsichten zusammengetragen wurde," erforscht die Ideengeschichte die Voraussetzungen für das Aufkommen, die Entfaltung, Geschichte und Wirkung politischer Denkströmungen (Patzelt 1992: 172-175). Fragen mit Gegenwartsbezug wie etwa „Woher kommen zeitgenössische politische Denkweisen?", „Welche Erfahrungen sind in sie eingeflossen?", „Welche Schwachpunkte politischer Anschauungen wurden längst erkannt?", „Birgt die Geschichte politischen Denkens Antworten auf gegenwärtige Fragen?" usw. (vgl. Patzelt: 175) können leider nicht gänzlich in diese Arbeit eingehen. Was diese Arbeit jedoch zu leisten versucht ist eine kompakte Darstellung der Staatskonzeption Thomas von Aquins, auf die sich eine weiterführende Beschäftigung unter Berücksichtigung zentraler Ansätze des Denkers anschließen kann.

Nach einigen biographischen Angaben zu Thomas von Aquin, die für das Verständnis seines Denkens und Handelns durchaus von Bedeutung sind, führt das zweite Kapitel in die Lehre vom christlichen Staat und der menschlichen

Vernunft ein, indem anthropologische Grundannahmen vorgestellt und Schlussfolgerungen für die Existenz und das Fortbestehen eines Staates gezogen werden. Die Position des Thomas in der Frage, welche Staatsform die am besten geeignete sei, wird im dritten Kapitel umrissen. Wie noch zu erkennen sein wird spielt die Frage nach dem Verhältnis von weltlicher und geistlicher Macht aus der Sicht des Scholastikers Thomas eine enorm wichtige Rolle, so dass diesem Aspekt das vierte Kapitel der Ausarbeitung zugedacht ist.

1. Eine kurze Einlassung zu Thomas von Aquin

Als siebter Sohn des Herzogs Landulf von Aquino wurde Thomas um Neujahr 1225 im Schloss Roccasecca bei Neapel geboren. Das Heilige Römische Reich und die römisch-katholische Kirche stellten zu dieser Zeit die wichtigsten Institutionen einer lateinischen Kultur dar, die sich unter anderem über das heutige England, Frankreich, Deutschland und Italien erstreckte. Schon früh sah sich Thomas den Konflikten zwischen dem regierenden Kaiser Friedrich II. und dem Papsttum ausgesetzt, als er im Alter von fünf Jahren in eine Benediktinerabtei im Grenzgebiet zwischen Friedrichs Königreich und päpstlichem Herrschaftsgebiet geschickt wurde. Friedrich II., der übrigens Thomas' Halbvetter war, ließ das Kloster 1239 durch Truppen besetzen, da die Mönche seiner Auffassung nach zu stark dem Papsttum nachfolgten. Als „Gegengewicht gegen die päpstliche Universität von Bologna", wie der Thomas-Kenner Anthony Kenny schreibt, hatte der Kaiser die Universität Neapel errichten lassen, an der Thomas im Verlaufe seines Philosophiestudiums mit den Traktaten des Aristoteles vertraut wurde (vgl. Kenny 1999: 11-12).

Thomas von Aquin ging in der Folgezeit noch verschiedenen Lehrtätigkeiten nach, so unter anderem in Rom und Paris, ehe er 1272 nach Neapel zurückkehrte um die theologische Fakultät zu leiten. Am 7. März 1274 verstarb er im Zisterzienserkloster Fossa Nuova. 1323 wurde Thomas heilig gesprochen und später zum Kirchenlehrer erklärt (vgl. Zimmermann 1982: 109-110).

Die Schriften des Thomas eröffneten einen langwährenden Diskurs über das Verhältnis von Kirche und Staat. Als die geistliche Gewalt nach dem Tod Kaiser Friedrichs II. an Bedeutung im politischen Leben gewann - wie beispielsweise der Investiturstreit den Päpsten das Recht abrang, Bischöfe zu ernennen - reagierten nationale Herrscher in Städten wie Venedig oder Florenz auf diese Schwächung mit der Schaffung einer republikanischen Verfassung.

Währenddessen gelangten bis dahin unbekannte Werke des vorchristlichen Aristoteles nach Europa; Schriften, die in Fragen über die Erschaffung der Welt oder der Unsterblichkeit der Seele stark von der christlichen Überzeugung abwichen (Black 1988: 87-88). Bedeutsam war die neue Aristoteles-Rezeption in zweierlei Hinsicht: Erstens hätte eine weitgehende Akzeptanz der aristotelischen Lehre möglicherweise die Legitimität der christlichen Herrschaft in Frage gestellt. Zum zweiten entwickelte Thomas eine „Synthese aus heidnischer Philosophie und Christentum" (Black 1988: 88). In der Überzeugung, aus der aristotelischen Philosophie noch lernen zu können, formulierte Thomas vor dem Hintergrund der ständigen Rivalität zwischen weltlicher und geistlicher Macht neben anderen bedeutsamen Werken die „erste christliche Staatsphilosophie auf der Grundlage der aristotelischen Politik" (Philipp 1997: 486).

Konkret ist diese Staatsphilosophie des Thomas von Aquin in dem Traktat „De regime principum" - „Über die Herrschaft der Fürsten" erkennbar. Ursprünglich als Fürstenspiegel aufgesetzt, sollte das Werk anhand nachahmenswerter Beispiele aus der Antike oder der Heiligen Schrift den Regierenden ein Leitfaden sein. So liefert Thomas Antworten auf Fragen wie „Wer soll herrschen?", „Wie stehen Eigeninteressen und Gemeinwohl zueinander?",

„Welche Regierungsform ist die beste?" oder „Darf Widerstand gegen entartete Regierungsformen geleistet werden?" und entfaltet seine Überlegungen ausgehend von einigen anthropologischen Grundannahmen (vgl. Braun et al. 1994: 84).

2. Die politische Philosophie Thomas von Aquins

Werner J. Patzelt stellt in seiner Einführung in die Politikwissenschaft die zentralen Fragen vor, welche die Politische Philosophie zu beantworten versucht (vgl. S. 175-177). Es sind Fragen zur Natur des Menschen, mit denen sich auch Thomas von Aquin mit Bezug auf Aristoteles auseinander gesetzt hatte. Drei Leitfragenkomplexe sind heute also nicht weniger richtungweisend als vor 750 Jahren:

- *Was ist der Mensch?* Welche Voraussetzungen für welche Ausgestaltung politischer Systeme bringt er mit? Welche politischen Ordnungsformen sind seiner Natur angemessen und können mit Aussicht auf Erfolg und Dauerhaftigkeit angestrebt werden?

- *Was dürfen wir politisch hoffen?* Mit welchen Unzulänglichkeiten von Regierenden und Regierten, mit welchen Paradoxien beim Versuch, bestimmte Werte zu verwirklichen, haben wir zu rechnen? Welche Risiken politischer Ordnungsbildung und politischen Handelns sind zu bedenken? Mit welchen politischen Tugenden (z.B. Klugheit, Mäßigung, Stärke, Bescheidenheit, Vorsicht...) kann man versuchen, diese Probleme zu bewältigen?

- *Was sollen wir politisch tun?* Welche Werte sollen wir politischen Systemen zugrunde legen? Was wären für die politische Praxis tragfähige Konzeptionen von Freiheit, Gerechtigkeit, Gleichheit, Glück?

Während der zweite und dritte Fragekomplex in den nachfolgenden Kapiteln berücksichtigt wird, soll nun auf die anthropologischen Grundannahmen eingegangen werden. Insbesondere der erste Fragekomplex ist von Thomas mit sehr stark aristotelischen Einflüssen beantwortet worden. So bestimmt Thomas den Menschen als ein natürliches Gemeinschaftswesen, als *animal naturaliter sociale et politicum* (Bergstraesser/Oberndörfer 1962: 82).

Um den Einstieg in die Konzeption des Aquinaten vorzunehmen, richtet sich der Blick nun auf den Fürstenspiegel. „Die natürliche Bestimmung des Menschen ist die Gemeinschaft", so stellt Thomas in seinem Traktat „Über die Herrschaft der Fürsten" fest (I,1). Weiterhin sagt Thomas, der Mensch handele nach seiner Vernunft, um seinem Ziel, dem „sein ganzes Leben und sein Handeln" zustrebe, näher zu kommen (Bergstraesser/Oberndörfer: 83).

Bereits in diesen kurzen Worten lassen sich zwei sich gegenseitig bedingende Thesen erkennen. So habe alles menschliche Leben zum einen nach einem teleologischen Verständnis einen Zweck zu erfüllen (griechisch: telos = Ziel, Zweck). Dieser Zweck wohne nach dem göttlichen Schöpfungsplan den Menschen bereits von Anfang an inne (vgl. Detjen 2004: 67-68). Zweitens sei die Welt durch Gottes Willen vernünftig geordnet, das heißt aus der eigenen unmittelbaren Vernunfterkenntnis heraus seien die Menschen befähigt, die Vorteile eines geselligen Lebens zu erkennen (vgl. Zippelius 1991: 63).

Allerdings ist das soziale Leben nicht selbst der alleinige Zweck der menschlichen Existenz, sondern lediglich ein Mittel zur Erreichung der Ziele. Thomas unterscheidet bei der Benennung der Ziele zwischen einem irdischen und einem übernatürlichen Ziel. Irdische Ziele dienen dem Zweck des Gemeinwohls und verlangen nach gesunder Selbsterhaltung des Körpers und der Arbeitskraft, nach Einsicht, Wissen und Weisheit. Moralisches Handeln, wozu Klugheit, Gerechtigkeit, Mäßigung und Tapferkeit gehören, sind ebenso notwendig. All dies zusammen beschreibt Thomas als das irdische Ziel, ein „gutes Leben nach der Tugend" zu führen. Weit wichtiger als die Verfolgung irdischer Ziele ist für Thomas jedoch das Streben auf ein überirdisches Ziel hin, welches durch Einheit und Friede des Volkes erreicht werden kann. Sinnstiftend ist die göttliche Verheißung, die himmlische Seligkeit als den „letzten Zweck" des guten Lebens zu erlangen (vgl. Detjen 2004: 70). Damit wäre Patzelts dritte

Frage nach den grundlegenden Werten des politischen Systems teilweise beantwortet. Als „Vorstufe" oder „Etappenziel" soll die Politik dem Menschen und der Gesellschaft den Weg ebnen zur ewigen Seligkeit.

Beide Ziele – sowohl das gute Leben als auch das höchste Endziel – werden sowohl von dem Einzelindividuum wie auch der „zu gemeinsamem Leben vereinigten Gesellschaft" angestrebt, allerdings ergibt sich der Gesamtzweck der Gesellschaft nicht aus der Summe aller singulären Zwecke der einzelnen Menschen. Das *bonum commune* (Gemeinwohl) ist von dem *bonum proprium* (Eigennutzen) der einzelnen deutlich zu unterscheiden, ja vielmehr stehen beide Interessen laut Thomas in einem Spannungsverhältnis. Um aus der Vielheit vernünftiger Menschen eine geordnete Gesamtheit zu schaffen, sieht Thomas die Notwendigkeit einer Leitungskraft (*vis regitiva*), welche „dafür sorgt, dass nicht die Einzelkräfte auseinanderstreben (Miethke 2000: 85)."

Zusammengefasst sind alle drei Kerngedanken der politischen Philosophie des Thomas aus der Aristoteles-Rezeption hervorgegangen: Nicht nur die eingangs genannte anthropologische Grundannahme von der Sozialnatur des Menschen, sondern auch das teleologische Verständnis menschlicher Tätigkeit und die Unterscheidung von Gemeinwohl und Eigennutz (vgl. Miethke 2000: 86).

3.   Ordnungsgewalten und Staatsformen in Thomas' Lehre

Das vorausgegangene Kapitel zeigte auf, dass die Menschen als Individuen laut Thomas unvollkommen und bedürftig sind. Aufgrund der Unzulänglichkeit der Menschen kann keine staatliche Gemeinschaft als politische Ordnungsform dauerhaft Bestand haben, wenn nicht ein leitendes Prinzip eine Lenkungsfunktion übernimmt. Ausgehend von den Erkenntnissen über die Natur und die Vernunft des Menschen sieht Thomas für diese Aufgabe einen Monarchen als am besten geeignet an. „Die Herrschaft eines einzelnen entspricht der Natur am besten," so schreibt Thomas in dem Fürstenspiegel (Über die Herrschaft der Fürsten I,2) und leitet diese Hypothese aus dem Naturrechtsdenken ab (vgl. Oberndörfer/Rosenzweig, 2000: 109).

Die Staatskonzeption des Thomas von Aquin und auch das Naturrechtsdenken fußt auf der Unterscheidung von vier Arten von Gesetzen. Diesem Denken nach leitet sich alles Sein der Schöpfung vom „ewigen Gesetz" ab *(lex aeterna)*. Die ganze Welt und das All sei wie bereits gesagt der Lenkung Gottes unterworfen und durch göttliche Vernunft mit einem innewohnenden Zweck ausgestattet.

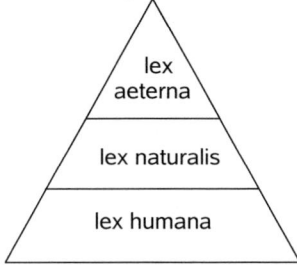 Allen irdischen Lebewesen weist das ewige Gesetz als eine „Weisung der auf das Tun gerichteten Vernunft" (Thomas von Aquin: Summe der Theologie, I-II, 91,1. Zit. aus: Oberndörfer/Rosenzweig, 2000: 116) die Ziele zu, ihre Rasse zu erhalten und sich zu vervollkommnen. Der Mensch als einziges vernunftbegabtes Wesen nehme eine Sonderstellung ein, da er dank einer „Einstrahlung göttlichen Lichtes" (ebd.: 117) selbst unterscheiden könne, was gut und was böse sei. Wird die Vernunft des Menschen durch die göttliche Offenbarung erleuchtet, erkennt der Mensch im Gewissen *(habitus principiorum)* das durch die Natur des menschlichen Wesens bestimmte natürliche Sittengesetz. Auf diese Weise entsteht das Naturgesetz *lex naturalis* (vgl. Matz 1970: 60).

Gibt das Naturrecht den Menschen ein, vernunftgemäß zu handeln, sich zu einer Gesellschaft zusammenzuschließen, sich auf das Gemeinwohl auszurichten und seine Kräfte im Glücksstreben zu entfalten, so konkretisiert sich das Naturrecht in Form des menschlichen Gesetztes *(lex humana)*, indem „...aus den unbeweisbaren, naturhaft bekannten Grundsätzen die Folgesätze der verschiedenen Wissenschaften abgeleitet [werden]" (vgl. Oberndörfer/ Rosenzweig, 2000: 118). Die näheren Bestimmungen – also das menschliche Gesetz – können „kraft rechtmäßiger menschlicher Autorität so oder anders getroffen werden. In keinem Fall dürfen sie aber dem Naturgesetz widersprechen; eine solche, wenn auch juristisch legale Anordnung wäre kein Gesetz, sie wäre eine Zerstörung des Gesetzes" (Heinzmann 1989: 469).

Die Notwendigkeit eines vierten Gesetzes zur Lenkung des menschlichen Lebens begründet Thomas mit der Feststellung, dass das natürliche Kräftemaß des menschlichen Könnens nicht ausreiche, um das transzendentale Ziel der ewigen Seligkeit zu erreichen. Weiterhin stelle die Subjektivität menschlicher Urteile eine Schwäche dar, ebenso wie die Unerreichbarkeit der tiefsten inneren Regungen der Menschen. Da es zur Vollendung der Tugend jedoch erforderlich sei, „daß der Mensch in beiden Arten von Handlungen [gemeint sind innere und äußere, also gedankliches und physisches Handeln] richtig dastehe, ... mußte ein göttliches Gesetz hinzukommen" (Oberndörfer/Rosenzweig 2000: 119).

Um den Blick nochmals auf Patzelts Fragenkatalog (S. 4) zu werfen, lässt sich an dieser Stelle festhalten, dass Thomas von einem Menschen ausgeht, dem durch die Gesetze der Natur der Verstand und die Erkenntnis gegeben wurde, alles Tun nach dem zunächst irdischen, letztlich aber überirdischen Ziel auszurichten. Dennoch geht der Denker auch davon aus, dass das Individuum tendenziell das *bonum proprium* über die Gemeinwohlverpflichtung stelle – was Patzelts Schema entsprechend als Unzulänglichkeit der Regierten aufgefasst werden könnte. Auf der Seite der Regierenden erkennt Thomas wiederum in Anlehnung an die Aristotelische Lehre das Risiko der Entartung von Regierungsformen.

Ähnlich der aristotelischen Einteilung der sechs Staatsformen unterscheidet Thomas zwischen den drei Typen von Staaten und ihren Entartungen, wobei Politie und Aristokratie zwar ebenfalls gute, allgemein am Gemeinwohl orientierte Staatsformen seien, jedoch einer Königsherrschaft unterlägen, da „..mehrere Führer die Gesellschaft in keiner Weise in ihrem Bestande erhalten, wenn sie etwa unter sich völlig entzweit sind. Denn wenn mehrere regieren, so muß eine Übereinstimmung unter ihnen hergestellt werden, damit sie überhaupt irgendwie ihre Herrschaft auszuüben imstande sind" (Thomas 1975: 11-12. Zit. n. Braun et al. 1994: 84).

Es mag aus heutigem Verständnis heraus auf den ersten Blick verwirrend erscheinen, dass die Demokratie als eine pervertierte Form der Politie, also der guten Form der Gesamtherrschaft, aufgegriffen wird. Die Möglichkeit einer Tyrannenherrschaft ist für Thomas in der *democratia* jedoch keinesfalls auszuschließen, und so definiert er diese als gewaltsame Unterdrückung *per potentiam multitudinis*, also durch die Macht der Menge (vgl. Miethke 2000: 85). Obwohl sich Thomas wie bereits erwähnt für die Monarchie als beste Regierungsform ausgesprochen hat, ist er sich auch hier der Gefahr eines Umschlagens in die Tyrannis bewusst. Am höchsten sei die Wahrscheinlichkeit einer Entartung in der Monarchie laut Thomas dann, wenn die Gesellschaft den Regenten nicht länger akzeptiere, was vor allem die Folge einer nicht fremdnützigen Amtsausübung sein könne (vgl. Philipp 1997: 488).

Eine der konkreten Hauptaufgaben bei der Ausübung des Königsamtes sieht Thomas darin, dafür zu sorgen, dass die notwendigen irdischen Güter dauerhaft bereit stehen. Sie sind wichtige Bestandteile des irdischen Gemeinwohls, zu dem jedes Individuum durch körperliche Anstrengung oder geistige Erkenntnis „tugendhaft" beigetragen hat. So ist einerseits materielle Wohlfahrt als Aufgabe und Ziel guter Politik gemeint, andererseits aber auch die Herstellung und Aufrechterhaltung des Friedens nach innen. Thomas fordert vom Monarchen, wie der Politikwissenschaftler Joachim Detjen es interpretiert hat, die Sicherung einer Einheit der Gesellschaft in Form einer harmonischen „...Eintracht unter den Gliedern der Gesellschaft hinsichtlich ihrer Stellung, ihres Beitrages zum Wohl der Gesellschaft und ihrer gegenseitigen Fürsorge" (Detjen 2004: 70-71).

Die Frage, inwiefern die Struktur von Über- und Unterordnung, von Leitung und Untergebensein, in der Thomasischen Vorstellung begründet und in der staatlichen Organisation verankert ist, kann nicht eindeutig beantwortet werden. In seinem ersten Ansatz bedient sich Thomas einer „ideal vorgestellten substantiellen" Erklärung, der zufolge die höhere Stellung des Monarchen in seiner „überlegenen sittlichen Vortrefflichkeit [und] seiner Tugend" begründet ist (Miethke 2008: 34-35).

Thomas geht also von einer fürsorglichen Herrschaft über freie Untertanen aus, die auf gegenseitiger Zustimmung beruht (vgl. Black 1988: 90) und setzt gewissermaßen die Erkenntnis beim Regierenden voraus, dass durch die gute, fremdnützige Ausübung des Königsamtes auch für ihn selbst als von Natur aus eigenwohlorientiertes Mängelwesen der Nutzen größer sein wird als die durch Tyrannei erstandene und gesicherte Macht, Ehre oder Ruhm:

> Es ist also .. ganz klar, daß Dauer der Macht, Reichtum und ein guter Ruf mehr den Königen als den Tyrannen nach ihren Wünschen zuteil werden. Und gerade, um das auf unrechtmäßige Weise zu erlangen, verirrt sich ein Fürst auf den Weg der Tyrannei. Denn niemand weicht von der Gerechtigkeit ab, wenn er nicht von der Begierde nach irgendeinem Vorteil mitgerissen wird. Überdies beraubt sich der Tyrann der ganz besonderen Seligkeit, die den Königen als Lohn gebührt, und zieht sich, was noch drückender ist, die schwerste Qual unter den irdischen Strafen zu. [...]
>
> Wenn also die Könige aller zeitlicher Güter in Überfluß und Wohlergehen besitzen und ihnen ein besonderer Grad der Seligkeit von Gott bereitet wird, die Tyrannen aber zumeist um die zeitlichen Güter, die sie an sich reißen, gebracht werden, sich überdies vielen Gefahren aussetzen und, was noch weit mehr bedeutet, ... der ewigen Güter berauben, so müssen wohl alle, die das Amt des Herrschers auf sich nehmen, mit Eifer darauf bedacht sein, sich ihren Untertanen nicht als Tyrannen, sondern als Könige zu erweisen (Über die Herrschaft der Fürsten, I,11).

Die Gefahr der Tyrannenherrschaft ließe sich laut Thomas bereits bei der Auswahl des Kandidaten auf das Königsamt gering halten, indem einer in besonderem Maße tugendhaften Persönlichkeit die Herrschaft überantwortet werde. Um die Tyrannis gar nicht erst aufkommen zu lassen, verlangt Thomas nach institutionellen Vorkehrungen und erwähnt auch eine verfassungsmäßige Beschränkung der Regierungsarbeit (*gubernatio*) – diese wird jedoch nicht näher konkretisiert. Im Falle einer Perversion der Monarchie rät Thomas zu einer weitgehenden Duldung, weist aber – wenn auch nur unausführlich – auf einen Ausweg hin: Haben die Untertanen den Regenten zum Herrscher gewählt, können sie ihn auch entfernen, ohne den geleisteten Treueschwur zu brechen. Ein Tyrannenmord kann hingegen nicht gerechtfertigt werden, denn „Widerstand kann den Gewaltherrscher zu noch größeren Untaten provozieren. Ein schlimmerer Tyrann kann dem jetzigen folgen" (Miethke 2000: 86).

In seiner nur wenige Jahre zuvor entstandenen „Summa Theologiae" erachtete Thomas von Aquin gewaltsamen Widerstand gegen die Willkürherrschaft von Tyrannen als akzeptabel, wenn gleich der Fokus in erster Linie auf die Stadttyrannen Oberitaliens gerichtet und die Schrift weniger als Allgemeinrezept gegen Gewaltherrschaft zu begreifen war. Was den Unterdrückten in jedem Falle bleibt ist die Hoffnung auf die Allmacht Gottes, der den Menschen den Tyrannen als Strafgericht gesendet habe und dessen sich durch Buße und Gebet entledigt werden könne (vgl. Miethke 2008: 38).

Auf der anderen Seite steht eine „realistisch-funktionale Deutung", wie Miethke schreibt. Unabhängig von der Vorbildhaftigkeit und der besonderen Eignung des Regierenden muss dieser Sehweise nach die Leitungsfunktion wahrgenommen werden „...weil allein so die Gesellschaft als das existieren kann, was sie ist und sein soll" (Miethke 2008: 35). Legitimiert wird das Regierungshandeln durch die Leistungen für das Gemeinwohl, also für die Erfüllung der Pflichtaufgabe, Rahmenbedingungen für ein gutes Leben der Gesellschaftsmitglieder zu gewährleisten. Mit dieser Bewertung anhand des funktionalen Nutzens verwarf Thomas schließlich den aristotelischen Gedanken des Königs als Vorbild (vgl. ebd.: 40).

4.   Zum Verhältnis von weltlicher und geistlicher Macht

Wie schon in der Einführung erwähnt lebte Thomas von Aquin in einer Zeit ständiger Auseinandersetzungen zwischen Kaiser und Papst. Reinhold Zippelius rezitiert eine Textpassage aus dem Lukasevangelium (Lk 22, 38) der Heiligen Schrift, wonach Gott zwei Schwerter in den Dienst der Christenheit gestellt habe. Das geistliche Schwert sei als Zeichen geistlicher Leitungsgewalt dem Papst anvertraut, das weltliche Schwert falle in die Hand des Kaisers. Auf die Deutung, das weltliche Schwert sei also ebenfalls aus göttlicher Hand gegeben und somit in den Dienst der Christenheit zu stellen, folgte ein Streit darum, ob der Kaiser „seine Gewalt unmittelbar von Gott empfangen habe oder ob beide Schwerter zunächst in die Hand des Papstes gelegt seien und der Kaiser seine Gewalt aus der Hand des Papstes empfange" (Zippelius 1991: 67).

Der Aspekt funktionaler Legitimation spielt für das Verhältnis von Kirche und Staat eine wesentliche Rolle. Es liegt in der Verantwortung der Fürsten und weltlichen Herrscher, dem vernunftbegabten Menschen ein gelingendes Leben und die Verwirklichung der sittlichen Aufgaben zu ermöglichen – somit ist die Kompetenz politischer weltlicher Herrschaft definiert. Analog zu der in Kapitel 2 beschriebenen „Zweckpyramide" – wie der Historiker Dieter Mertens das Konstrukt irdischer und überirdischer Ziele nennt – sind jedoch auch die Herrschaftsverhältnisse einer Hierarchie unterstellt (vgl. Fenske et al. 1987: 213). Nicht die politische Verfassung, sondern das Priestertum ist für die Erreichung der ewigen Seligkeit ausschlaggebend, weshalb wohl schließlich von einem christlichen Staat gesprochen werden kann. Allerdings haben beide Instanzen in ihren eigenen Bereichen zunächst volle Selbständigkeit.

Da beide Mächte schließlich dem höchsten Ziel der Gottesschau verpflichtet sind, scheint Thomas ein Primat der geistlichen Herrschaft zu sehen. In seiner Summa Theologiae spricht er von einer „Unterwerfung" der weltlichen unter die geistliche Gewalt, relativiert diesen Aspekt jedoch und sagt, „...die geistliche Gewalt usurpiere, wenn sie in weltliche Gerichtsbarkeit eingreife, dann nicht weltliche Gerichtshoheit, wenn sie sich einmischt 'in weltliche Angelegenheiten hinsichtlich der Dinge, in denen ihr die weltliche Gewalt unterworfen ist oder die ihr von der weltlichen Gewalt (freiwillig) überlassen werden'." (Miethke 2008: 40-45)

Ebenso unklar wie die vorgenommene Unterscheidung von Einmischung und Nicht-Einmischung ist darüber hinaus die Frage, wo die Grenzen der Zuständigkeit für beide Gewalten zu ziehen sind. Allem Streben nach harmonischem Ausgleich zum Trotz hat Thomas nie konkrete Abgrenzungen definieren können. In seiner Nachfolge breitete sich der Streit weiter aus, als Tolomeo von Lucca und Aegidius Romanus im Kampf zwischen Papst Bonifaz VIII. und König Philipp verschärft für die päpstlichen Führungsansprüche eintraten und der Dominikaner Quidort einen Royalismus im Interesse des Königtums begründete (vgl. ebd.).

Abschließend stellt Jürgen Miethke in seiner neuen Veröffentlichung „Politiktheorie im Mittelalter" fest, dass beide Instanzen aus der Rezeption des Thomas Argumente zur Stärkung ihrer jeweiligen Positionen gewonnen haben. Sogar zur Säkularisierung habe Thomas beigetragen und einen auf Aristoteles basierenden Entwurf über eine mittelalterliche Gesellschaft und deren politischer Ordnung entworfen. Bemerkenswert ist die Tatsache, dass Thomas von Aquins Theorie genau an der Stelle keine Antworten auf bedeutsame Fragen liefern kann, an der ein lange anhaltender Konflikt zwischen *regnum* und *sacerdotium* hätte gelöst werden können.

Fazit

Die Auseinandersetzung mit der Staatskonzeption Thomas von Aquins hat zwar nicht alle der im Einleitungsteil der Arbeit aufgeworfenen Fragen beantworten können, jedoch wurden grundlegende Unterschiede zwischen dem mittelalterlichen Denken und der politischen Theorien der Gegenwart ersichtlich. Die Feststellung, dass der Verpflichtungscharakter eines Gesetzes nicht im Willen und der Legitimation des Gesetzgebers gründet, sondern in der vernunftgemäßen Ordnung, stellt eine von mehreren bemerkenswerten Grundannahmen der Thomasischen Lehre dar. Noch bedeutsamer war in den Augen Miethkes die Anwendung der aristotelischen Sozialphilosophie auf das Leben in der mittelalterlichen Gesellschaft. Diese Elemente werden auch in zukünftigen politisch-theoretischen Abhandlungen wieder Eingang finden, ungeachtet der Schwachpunkte seiner Theorie vom christlichen Staat (vgl. Miethke 2000: 88).

Literaturverzeichnis

Bergstraesser, Arnold/Oberndörfer, Dieter (1962): *Klassiker der Staatsphilosophie.* Stuttgart, S. 82-96.

Black, Antony (1988): >>Thomas von Aquin – Sittlichkeit und Staat.<< In: Redhead, Brian/Starbatty, Joachim (Hrsg.): *Politische Denker. Von Platon bis Popper.* Stuttgart, S. 84-101.

Braun, Eberhard/Heine, Felix/Opolka, Uwe (1994): *Politische Philosophie. Ein Lesebuch. Texte, Analysen, Kommentare.* Reinbek bei Hamburg, S. 80-89.

Detjen, Joachim (2004): >>Thomas von Aquin.<< In: Massing, Peter/Breit, Gotthard (Hrsg.): *Demokratietheorien. Von der Antike bis zur Gegenwart. Texte und Interpretationen.* 5. Auflage. Schwalbach/Ts., S. 65-74.

Heinzmann, Richard (1989): >>Thomas von Aquin.<< In: Görres-Gesellschaft (Hrsg.): *Staatslexikon. Recht – Wirtschaft – Gesellschaft. Fünfter Band.* 7., völlig neu bearbeitete Auflage. Freiburg/Basel/Wien, S. 466-471.

Kenny, Anthony (1999): *Thomas von Aquin.* Freiburg/Basel/Wien.

Matz, Ulrich (1970): >>Thomas von Aquin 1225-1274.<< In: Rausch, Heinz V.: *Politische Denker I.* 3. durchgesehene Auflage. München, S. 53-63.

Matz, Ulrich (1979): >>Thomas von Aquin.<< In: Maier, Hans (Hrsg.)/Rausch, Heinz (Hrsg.)/Denzer, Horst (Hrsg.): *Klassiker des politischen Denkens. Erster Band. Von Plato bis Hobbes.* 5. Auflage. München, S. 114-146.

Mertens, Dieter (1987): >>Philosophie und politische Theorie.<< In: Fenske, Hans/Mertens, Dieter/Reinhard, Wolfgang/Rosen, Klaus: *Geschichte der politischen Ideen. Von Homer bis zur Gegenwart.* Frankfurt am Main, S. 212-215.

Miethke, Jürgen (2000): >>Politische Theorien im Mittelalter.<< In: Lieber, Hans J. (Hrsg.): *Politische Theorien von der Antike bis zur Gegenwart.* 1. Auflage. Wiesbaden, S. 81-88.

Miethke, Jürgen (2008): *Politiktheorie im Mittelalter. Von Thomas von Aquin bis Wilhelm von Ockham.* Tübingen. S. 25-45.

Oberndörfer, Dieter/Rosenzweig, Beate (2000): *Klassische Staatsphilosophie. Texte und Einführungen. Von Platon bis Rousseau.* München, S. 109-122.

Patzelt, Werner J. (1993): *Einführung in die Politikwissenschaft: Grundriss des Faches und studiumbegleitende Orientierung.* 2., ergänzte Auflage. Passau.

Philipp, Michael (1997): >>Thomas von Aquin.<< In: Stammen, Theo (Hrsg.)/Riescher, Gisela (Hrsg.)/Hofmann, Wilhelm (Hrsg.): *Hauptwerke der politischen Theorie.* Stuttgart, S. 486-491.

von Aquin, Thomas (1994): *Über die Herrschaft der Fürsten.* Stuttgart.

Zimmermann, Albert (1982): >>Thomas von Aquin.<< In: Hoerster, Norbert (Hrsg.): *Klassiker des philosophischen Denkens. Band 1.* München, S. 109-111.

Zippelius, Reinhold (1991): *Geschichte der Staatsideen.* 8. Auflage. München.